LAS MANIFESTACIONES DE TIANANMÉN

Un movimiento pacífico reprimido con violencia

Por Inès Glogowski
En colaboración con Magali Bailliot
Traducido por Laura Bernal Martín

Historia en50MINUTOS.es

en50MINUTOS.es

¡CONVIÉRTASE EN UN GENIO DE LA HISTORIA!

La batalla de Accio

La batalla de Maratón

La guerra de Palestina de 1948

La Operación Tormenta del Desierto

www.en50minutos.es

LAS MANIFESTACIONES DE LA PLAZA DE TIANANMÉN

- **¿Cuándo?** Del 15 de abril al 5 de junio de 1989
- **¿Dónde?** En Pekín (China)
- **¿Contexto?** La lucha de la población china por la liberalización política
- **¿Protagonistas?**
  - Deng Xiaoping, presidente de la Comisión Militar Central (1904-1997)
  - Hu Yaobang, secretario general del Partido Comunista de China (1915-1989)
  - Zhao Ziyang, secretario general del Partido Comunista de China (1919-2005)
  - Li Peng, político chino (nacido en 1928)
- **¿Repercusiones?**
  - La detención de militantes
  - El fin del movimiento popular por la democracia
  - La condena de la opinión internacional
  - La censura del Gobierno chino

El 5 de junio de 1989, cerca de la plaza de Tiananmén en Pekín, un hombre solo se pone en medio de la carretera e intenta bloquearle el paso a un largo cortejo de tanques. La escena, fotografiada y grabada por periodistas extranjeros, da la vuelta al mundo y provoca indignación.

Dos meses antes, tras la muerte del antiguo secretario general del Partido Comunista de China (PCC), Hu Yaobang, habían estallado manifestaciones. Estas, impulsadas por estudiantes e intelectuales, dan lugar a un verdadero movimiento de protesta contra el poder establecido. Las pancartas y los eslóganes que esgrimen los manifestantes denuncian la corrupción y la censura del régimen y piden más libertad. El movimiento se extiende, y el ejército chino recibe la orden de acabar con él en la noche del 3 al 4 de junio de 1989, tras siete semanas de protestas. La represión es sangrienta y se realizan numerosas detenciones.

Aunque, hoy en día, muchos grupos como el de las Madres de Tiananmén siguen intentando comprender por qué tuvo lugar aquel acontecimiento, el Gobierno chino trata por todos los medios de borrar de la memoria de la gente esta intervención armada.

CONTEXTO

LA CHINA COMUNISTA

Los años de Mao

Retrato de Mao de 1963.

Mao Zedong (hombre de Estado chino, 1893-1976) es una figura emblemática del siglo XX y el fundador de la República Popular de China (1949). El apodado Gran Timonel desempeña al mismo tiempo las funciones de presidente del Partido Comunista de China (1943-1976) y de presidente de la Comisión Militar Central (1954-1976), lo que le lleva a imponerse como el dirigente supremo de China, número uno del régimen hasta su muerte.

De hecho, la nueva configuración política que se instaura en 1949 le permite al Partido Comunista controlar todos los organismos del Estado. Ampliamente inspirado en el modelo soviético, el partido es centralizado, jerarquizado y burocrático. Su ideología y las bases de su acción descansan en cuatro principios:

- la vía socialista;
- la dictadura del proletariado;
- la dirección del PCC;
- el marxismo-leninismo y el pensamiento de Mao.

Con el objetivo último del comunismo —es decir, una sociedad sin clases y sin Estado, despojada de toda propiedad privada—, Mao arrastra a la población china al colectivismo y a la dictadura del partido único. Las tierras cultivadas de las familias acomodadas son confiscadas y redistribuidas entre las familias pobres. Asimismo, durante los primeros años del régimen se observa un adoctrinamiento de la población mediante un vasto programa de cambio de mentalidad. El PCC se convierte en el único partido autorizado e instaura poco a poco un clima de terror que se traduce en ejecuciones y en la apertura de campos de concentración. Además, desde 1954, se envía al Ejército Popular de Liberación al campo para reeducar a la población y garantizar la expropiación por parte del partido.

El Ejército Popular de Liberación

El Ejército Rojo chino lo funda en 1927 el PCC durante la guerra civil que le enfrenta al Kuomintang, el Partido Nacionalista Chino. Rebautizado Ejército Popular de Liberación en 1945, hace retroceder a las fuerzas armadas de la República de China a Taiwán y le permite a Mao proclamar, el 1 de octubre de 1949, en la plaza de Tiananmén, la llegada de la República Popular China. A continuación, participa en numerosas operaciones militares, incluyendo la represión de las manifestaciones de la plaza de Tiananmén.

La ambición de Mao consiste en convertir China en una de las mayores potencias mundiales. Aunque al principio está cerca del modelo de la URSS, acaba alejándose de este para adaptar su proyecto a la situación china. De las teorías y prácticas políticas del líder chino nace el maoísmo, una corriente del comunismo que rechaza toda revisión del marxismo-leninismo y la desestalinización de finales de los años cincuenta, y que propone una visión tercermundista y antiimperialista de la lucha.

¿Una revisión del marxismo-leninismo?

Con la desestalinización emprendida por Nikita

Kruschev (secretario general del Partido Comunista Soviético, 1894-1971) a partir de 1956 —tres años después de la muerte de Stalin (1878/1879-1953)—, el marxismo-leninismo comienza a transformarse en la URSS. Las reformas tienen como objetivo denunciar las derivas autoritarias del régimen estalinista y el culto a su personalidad, volviendo así a poner en cuestión la infalibilidad de los líderes del movimiento comunista.

Mao denuncia enseguida este nuevo enfoque, considerando que se trata de un revisionismo que se aleja peligrosamente de la ortodoxia marxista-leninista. Esta ruptura ideológica marca el inicio del conflicto sino-soviético, que no acabará realmente hasta la caída de la URSS. A pesar de que después aparecen algunos intentos por reformar el marxismo-leninismo en varios países comunistas, lo que hará que las estructuras marxistas-leninistas se tambaleen de verdad serán la perestroika (reestructuración económica) y la glásnost (transparencia) de Mijáil Gorbachov de finales de los ochenta, que acompañan la agonía de un sistema que se apaga en Rusia en 1991.

Una sucesión accidentada

El 9 de septiembre de 1976, cuando muere Mao, Hua Guofeng (1921/1922-2008), entonces primer ministro, toma el relevo. Pero este desconocido miembro del Partido Comunista de China carece totalmente de experiencia y no parece poseer las cualidades necesarias para dirigir el país. Deng Xiaoping, antiguo secretario general del partido, que había sido alejado de la esfera del poder en varias ocasiones, ve la oportunidad de volver al primer plano de la escena política, idea que consolida un contexto social que él juzga adecuado para su regreso.

En efecto, los campesinos comienzan a abandonar el principio de la colectivización a favor de una nueva política iniciada por este último: el sistema de responsabilidad, que prevé el arriendo de tierras a los campesinos a cambio de que estos vendan sus cosechas al Estado. Aunque estas medidas favorecen la actividad, abren una importante brecha económica entre las ciudades y el campo. De hecho, los precios agrícolas aumentan y a las subvenciones del Estado a favor de las ciudades les cuesta frenar las conse-cuencias (inflación, déficit, etc.). Además, en 1978 se pone en tela de juicio el maoísmo y afloran las manifestaciones prodemocráticas impulsadas por intelectuales. Se fijan carteles, llamados dazibaos (literalmente, «periódicos de grandes caracteres»), redactados por ciudadanos, en las universidades y en las calles de Pekín, para que el público pueda leerlos.

UN MURO EN EL QUE EXPRESARSE

Son muchos los carteles que se fijan, sobre todo, en un muro situado en el centro de Pekín, rebautizado como el muro de la democracia. Se convirtió en un importante lugar de encuentro para estudiantes y contestatarios, pero en diciembre de 1978 fue desplazado a una parte menos accesible de la ciudad.

Con el tiempo, las protestas ganan fuerza y se observa un proceso de desmaoización, ya que el papel de este hombre de Estado se somete a una revaluación crítica. Son muchos los chinos que se pasan al bando de Deng Xiaoping, que inicialmente apoya el movimiento democrático de los intelectuales con el objetivo de hacerse con el poder. Pero cuando logra vencer a Hua Guofeng, se desolidariza con el movimiento y coloca a sus partidarios en cargos importantes del Gobierno. Ahora puede empezar la era de Deng Xiaoping, con una lucha interna en el seno del mismo partido como telón de fondo: por una parte están los conservadores y, por la otra, los reformadores, agrupados en torno a Deng Xiaoping y a sus dos adjuntos, Hu Yaobang y Zhao Ziyang.

TIEMPO DE PROTESTAS

A continuación, China emprende un socialismo de mercado, una nueva etapa transitoria antes de llegar al comunismo. Se trata de adoptar técnicas capitalistas para desarrollar la base material —la economía— sin por ello incorporarse a sus teorías. Deng Xiaoping inicia la política de las cuatro modernizaciones, que incumbe a la agricultura, la industria, la ciencia y la tecnología, y el ejército. Entonces, China vive una verdadera ruptura, puesto que la lucha de clases ya no se considera prioritaria.

En los años ochenta, los resultados de las reformas comienzan a notarse. Pero esta liberalización económica no va de la mano con las reformas políticas que espera la mayor parte de la población. La necesidad de un cambio se hace cada vez más perceptible, algo que ya ocurre desde mitad de década.

De hecho, la nueva dinámica que se ha establecido favorece la aparición de desigualdades, fraudes y corrupción, frente a las que el Estado chino parece impotente.

Los círculos estudiantiles son los primeros en mostrar su ira, y lo hacen en grandes manifestaciones (1985 y 1987-1988) en las que, no obstante, no les acompaña el resto de la población. Con el objetivo de silenciar las críticas y las reivindicaciones de los estudiantes, el Gobierno promulga una serie de nuevas reglas vinculantes. Estas indican que cada diplomado en la enseñanza superior está obligado a prestar dos años de servicio antes de poder elegir su propio camino. Además, a partir de ahora, el 30 % de los estudiantes ascendidos están obligados a aceptar los puestos que les asigne el Gobierno. Pero no son los únicos que se muestran descontentos, ya que estallan desacuerdos en el propio seno del partido. Hu Yaobang, secretario general del PCC, apoya las manifestaciones y se opone a la promulgación de estas nuevas reglas. Por ello, es destituido de su cargo en 1987 y reemplazado por Zhao Ziyang.

En 1988 se envenena el conflicto ya existente entre reformadores y conservadores. Esta división favorece la aparición de protestas, pero la gota que colma el vaso es la muerte del antiguo secretario general del partido. Y con razón: los estudiantes veían en Hu Yaobang un héroe que apoyaba su causa cuando estallaron las manifestaciones de 1987. Se reúnen el día de su muerte, el 15 de abril de 1989, deseosos de rendirle un último homenaje. Pero lo que debía ser una simple ceremonia fúnebre en su honor se convierte rápidamente en una manifestación masiva contra el poder establecido.

ACTORES PRINCIPALES

DENG XIAOPING, PRESIDENTE DE LA COMISIÓN MILITAR CENTRAL

Retrato de Deng Xiaoping de 1976.

Deng Xiaoping nace el 22 de agosto de 1904 en Sichuan. En 1920, a causa de un movimiento filantrópico chino, se dirige a Francia, donde continúa sus estudios. Como el apoyo financiero a estudiantes chinos se reduce debido a un importante incremento del coste de vida, los migrantes chinos, entre los que se encuentra Deng Xiaoping, deben trabajar para sobrevivir. Entonces, para satisfacer sus necesidades, este último entra en una fábrica de zapatos y también en

Renault. En este contexto descubre el marxismo, todavía desconocido en China por falta de traducciones. También en Francia conoce y vive con uno de los futuros fundadores del Partido Comunista de China, Zhou Enlai (1898-1976).

Cuando regresa a China y tras una estancia en el ejército, Deng Xiaoping se concentra en el activismo político en las filas del PCC, cuyos partidarios son duramente reprimidos por las autoridades del Kuomintang. Durante la guerra civil se convierte en una figura principal en el partido, en el que desempeña papeles clave, como el de jefe político y de propaganda o el de negociador con los nacionalistas. Participa en la conquista de las regiones del Sur, contribuyendo a la construcción de la nueva República Popular de China.

A partir de 1952, entra en el Gobierno. Destaca su cargo como ministro de Finanzas, y continúa su prometedora carrera en las instancias superiores del partido. El fracaso del Gran Salto Adelante, la importante reforma económica emprendida por Mao, le lleva a concebir el programa de reajuste económico durante los años 1960-1962. Sus posturas le valen su expulsión y su desaparición de la vida pública durante la Revolución Cultural de 1966.

La Gran Revolución Cultural Proletaria

Con el objetivo de reactivar el movimiento revolucionario tras la relativa liberalización de los años 1960-1962, Mao quiere eliminar a los dirigentes culpables de malversación o considerados demasiado modernistas. Este programa, denominado Revolución Cultural, se lanza en 1966. La juventud, organizada en Guardias Rojos, se encarga entonces de poner en tela de juicio la burocracia y la jerarquía del PCC. Esta revolución también pretende erradicar las antiguallas tradicionales de la cultura china, derribar las élites ciudadanas y combatir sus privilegios. Los intelectuales se envían al campo para proceder a su reeducación. Varias decenas de millones de jóvenes son «ruralizados» a la fuerza durante el invierno de 1968-1969. Las protestas que reinan en una China al borde de la guerra civil permiten que Mao retome el control del poder del que había sido apartado tras el fracaso del Gran Salto Adelante.

A pesar de resurgir de sus cenizas en 1973, se le achacan las protestas que tienen lugar en la plaza de Tiananmén tres años más tarde, cuando muere el primer ministro Zhou Enlai.

El régimen en tela de juicio

El 5 de abril de 1976, una enorme multitud se reúnen en torno al Monumento a los Héroes del Pueblo de la plaza de Tiananmén para rendir homenaje a Zhou Enlai, un primer ministro chino muy querido por su pueblo debido a sus intentos por acabar con los excesos de la Revolución Cultural. En seguida, el movimiento critica abiertamente el régimen de Mao y sus dirigentes. La manifestación pacífica acaba en disturbios que frenan, al final del día, las fuerzas del orden, que realizan numerosas detenciones.

Entonces vuelve a ser apartado del poder. Unos meses más tarde, Mao muere. Su sucesor, Hua Guofeng, un moderado, quiere consolidar su posición denunciando los abusos de la Revolución Cultural, que achaca directamente a los colaboradores del difunto, apodados «la banda de los cuatro». La caída de los herederos radicales de Mao le permite a Deng Xiaoping ser nuevamente rehabilitado en 1977. Un año después, gracias a la impopularidad de Hua Guofeng en el seno del PCC, reafirma su poder haciendo que la mayoría se sume a sus ideas. Entonces inicia en China un proceso de desmaoización y de modernización, y se convierte así en el dirigente *de facto* de la República Popular de China de 1978 a 1992.

Aunque abandona sus principales funciones oficiales en 1980 y 1982, sigue ejerciendo su poder a través de personas cercanas a las que ha colocado en los puestos principales del Gobierno y del partido. A continuación abandona el Buró Político y el Comité Central del PCC en 1987. Conserva su cargo al frente de la Comisión Militar Central, por lo que su influencia sigue siendo fuerte, como demuestra la sangrienta represión de las manifestaciones de 1989 que él mismo ordena con la firma de la ley marcial el 20 de mayo. Muere el 19 de febrero de 1997.

LA ERA XIAOPING: EL APOGEO DE LA ECONOMÍA SOCIALISTA DE MERCADO

Deng Xiaoping es considerado el padre de la China moderna. Bajo su mandato comienza la era del desarrollo económico del país, que lleva a China a convertirse en la segunda potencia económica mundial en el año 2010. Según algunos analistas, China logrará incluso superar a los Estados Unidos antes de 2020.

HU YAOBANG, SECRETARIO GENERAL DEL PCC

Hu Yaobang nace en la provincia de Hunan (al sur de China), y a los 14 años se une a las filas de la Liga de la Juventud Comunista. Participa en la Gran Marcha (también conocida como Larga Marcha), la travesía que realiza el Ejército Rojo chino para escapar del Kuomintang durante la guerra civil, y sirve en el ejército bajo las órdenes de Deng Xiaoping.

Integra el aparato político y se convierte en responsable del partido en Sichuan, y después en otras regiones de China. Está cerca de la esfera de influencia de Deng Xiaoping y, al igual que a este último, le afecta de lleno la Revolución Cultural. Ambos son alejados del poder tras los incidentes que se producen en la plaza de Tiananmén en abril de 1976.

Vuelve a la carga con Deng Xiaoping, y entra el Buró Político en 1978, convirtiéndose dos años más tarde en secretario general y reemplazando, en junio de 1981, a Hua Guofeng al frente de la presidencia. Responsable del programa de rehabilitación de chinos víctimas de la Revolución Cultural de Mao, se hace popular gracias a su tolerancia a las reformas políticas y a su compromiso con la democratización del régimen.

Aunque hasta entonces le apoya Deng Xiaoping, las manifestaciones de diciembre de 1986 le hacen caer en picado. Se le acusa de simpatía con las ideas de los estudiantes, y se ve obligado a presentar su dimisión en enero de 1987. Es reemplazado por Li Peng.

Su muerte, en 1989, suscita manifestaciones que provocarán protestas contra el régimen. Del movimiento de conmemoración al antiguo dirigente nacerán verdaderas reivindicaciones de democracia y libertad.

ZHAO ZIYANG, SECRETARIO GENERAL DEL PCC

Retrato de Zhao Ziyang de 1985.

Zhao Ziyang, nacido en 1919, se une a la Juventud Comunista en 1932, con solo 13 años, y seis años más tarde se convierte en miembro del partido. A continuación forma parte del ejército, en el que ocupa cargos principalmente administrativos. Dirigente del partido en el Guangdong (sur de China) a partir de 1951, contribuye al programa económico maoísta del Gran Salto Adelante. Esta difícil experiencia le lleva a acercarse a las ideas de Deng Xiaoping, que promueve medidas políticas y económicas moderadas. Pero esta orientación política hace que le envíen de nuevo a diferentes campos de trabajo durante la Revolución Cultural.

Los éxitos económicos que logra en su carrera como administrador local llaman la atención de Deng Xiaoping, que le lanza a la escena nacional tras la Revolución Cultural. Así, se convierte en miembro del Comité Central a partir de 1973 y del Comité Permanente del Buró Político en 1980. Siempre apoyado por Deng Xiaoping, Zhao Ziyang sucede a Hua Guofeng en el puesto de primer ministro en septiembre de 1980 y en el cargo de secretario general en enero de 1987. Sin embargo, las dificultades a las que se enfrenta debido a sus reformas económicas, resultantes sobre todo de la inflación que pesa sobre los hogares, que viven con unos salarios que aumentan muy poco, le oponen a Li Peng y le hacen perder el apoyo del líder de la República Popular de China. En 1989, acusado de conspiración con los manifestantes de Tiananmén porque preconiza el diálogo —al contrario de Li Peng, que es partidario de recurrir a la fuerza—, se ve obligado a abandonar sus funciones de secretario general. Entonces, vive en arresto domiciliario hasta su muerte en 2005.

Un testimonio *post mortem*

En 2009 se publica *Prisioner of the State: The Secret Journal of Premier Zhao Ziyang* (*Prisionero del Estado: diario secreto del primer ministro Zhao Ziyang*), un libro compilado a partir de cintas grabadas en secreto por Zhao Ziyang entre 1999 y 2000, que señala sobre todo la implicación de Deng Xiaoping en la represión de 1989. La obra confirma la información revelada por los *Tiananmen Papers*, un libro basado en documentos oficiales chinos y publicado sin el permiso de las autoridades.

LI PENG, SECRETARIO GENERAL DEL PCC

Retrato de Li Peng.

Hijo de uno de los primeros mártires del PCC, el escritor Li Shouxun, Li Peng es adoptado en 1939 por Zhou Enlai. Su educación le permite convertirse en técnico en una compañía de energía. Se diploma en ingeniería hidroeléctrica en Moscú, y ocupa cargos de responsabilidad en el sector de la energía en China.

En 1979 entra en el Gobierno chino y en el partido. Apoyado por el bando conservador, adepto de la planificación y del control de mercado, Li Peng está siempre enfrentado al reformista Zhao Ziyang, al que reemplaza en el cargo de primer ministro en 1987 tras la caída de Hu Yaobang. Decididamente en contra de las reivindicaciones de los estudiantes de Tiananmén, Li Peng rompe la relación con los que acusa de contrarrevolucionarios. Con el aval de Deng Xiaoping, provoca un derramamiento de sangre en la plaza y la historia le conoce como el carnicero de Tiananmén. A pesar de su papel preponderante en la represión, Li Peng conserva su función de primer ministro hasta 1998.

LAS MANIFESTACIONES DE LA PLAZA DE TIANANMÉN

EL DUELO COMO PRETEXTO

El 15 de abril de 1989, los estudiantes aprovechan la ocasión de la muerte del reformador Hu Yaobang para proclamar sus reclamaciones y sus reivindicaciones. Los campus se cubren de dazibaos, y se organiza una primera gran marcha el 18 de abril, con la plaza de Tiananmén como destino.

LA PLAZA DE LA PUERTA DE LA PAZ CELESTE

La plaza de Tiananmén se encuentra en el corazón de la ciudad de Pekín, en la entrada sur de la Ciudad Prohibida. Es un lugar muy simbólico de la República Popular de China que reagrupa los principales edificios vinculados al poder. Se crea bajo la dinastía de los Ming (1368-1644) y está bordeada al oeste por el palacio de la Asamblea Popular y al este por el Museo Nacional de China. En el centro se encuentra el Monumento a los Héroes del Pueblo, un obelisco de 38 metros de altura dedicado al triunfo del pueblo comunista. Al sur del obelisco se sitúa el mausoleo de Mao.

La plaza de Tiananmén es testigo de numerosos movimientos populares que han salpicado la historia moderna de China, como el del 4 de mayo de 1919, cuando, indignados por las decisiones tomadas durante el Tratado de Versalles en materia de división territorial, miles de estudiantes se reúnen en ella para mostrar su oposición. También es el lugar en el que se reúne el movimiento del 30 de mayo de 1925 y en el que tienen lugar las terribles huelgas que provocan la muerte de varios civiles chinos, abatidos por policías británicos de Shanghái. También en ella proclama Mao en 1949 la entrada del país en la era comunista y, en 1976, los estudiantes rinden homenaje a Zhou Enlai y protestan contra la política de los líderes chinos.

Al principio, las autoridades no consideran que las concentraciones de 1989 sean peligrosas, y a nadie parece preocuparle que haya miles de estudiantes en las calles: el Gobierno y los dirigentes del PCC creen que se disolverán rápidamente. Durante el funeral de Hu Yaobang el 22 de abril, se organiza una importante manifestación en la que se reúnen más de 100 000 personas. Se boicotean las clases en las universidades y las marchas se extienden por las principales ciudades del país sin toparse con ningún obstáculo.

REIVINDICACIONES Y MOVILIZACIÓN GENERAL

Aunque las reivindicaciones y las marchas estudiantiles son frecuentes en los años ochenta, nunca cuentan con el apoyo de la población urbana. Sin embargo, esta tendencia cambia en mayo de 1989: aunque al principio del movimiento las peticiones todavía eran bastante específicas y se referían sobre todo al contexto académico (creación de dormitorios decentes, de un programa para estudiar en el extranjero, etc.), el hartazgo y la movilización se extienden enseguida.

Cuando la población se une a los estudiantes, los motivos de queja tocan temas más serios, como el abandono de la reforma política, el incremento de los precios, la corrupción de los dirigentes o incluso la rápida acumulación de riqueza de ciertos funcionarios. En las pancartas y en los dazibaos se leen eslóganes que piden más libertad de prensa y que reclaman, además, más democracia en el seno del partido. A pesar de todo, el movimiento se presenta como no violento y leal al PCC. Los manifestantes critican, de hecho, a los dirigentes chinos y subrayan su incompetencia, pero no se oponen directamente al régimen comunista, sino que, más bien, piden reformas para mejorarlo.

Durante el transcurso de los hechos, los estudiantes del Instituto Central de Bellas Artes erigen en el centro de la plaza de Tiananmén una Diosa de la Democracia. Esta estatua de yeso, con los cabellos al viento y blandiendo una antorcha, recuerda a la Estatua de la Libertad de Nueva York. En 1994, en San Francisco, se construye una nueva Diosa de la Democracia en homenaje a los acontecimientos de 1989.

Reproducción de la Diosa de la Democracia de la plaza de Tiananmén.

LA EDITORIAL DEL 26 DE ABRIL

Con el paso de los días, los dazibaos que critican a Deng Xiaoping se multiplican, denunciando su avanzada edad (85 años en 1989) y que está demasiado implicado en el Gobierno. El 26 de abril, este último manda publicar en *El Diario del Pueblo*, el principal periódico del partido, un editorial que denuncia las alternaciones cometidas por una minoría, y prohíbe toda nueva manifestación. Advierte a los participantes y los acusa de ser contrarrevolucionarios y querer aprovechar la muerte de Hu Yaobang para intentar derrocar al partido. El secretario general, Zhao Ziyang, que vuelve de una visita oficial en Corea del Norte, intenta reactivar el diálogo entre los manifestantes y el Gobierno y hacer que se modifiquen las resoluciones del editorial publicado en su ausencia, en vano. La ruptura entre el movimiento de Tiananmén y el partido es definitiva.

Sin embargo, este apenas reacciona cuando se inician los acontecimientos. Y por un motivo: al partido, dividido en conservadores y reformadores, le cuesta tomar medidas para mantener a raya las manifestaciones. La represión de las acciones estudiantiles tiene como consecuencia grandes discusiones. Mientras que Zhao Ziyang, más moderado, insiste en la importancia de responder a las inquietudes de la población al tiempo que se continúa la reforma política, el primer ministro Li Peng quiere restablecer primero el orden antes de emprender ninguna reforma.

LA HUELGA DE HAMBRE

Tras la manifestación conmemorativa del 4 de mayo, algunos estudiantes vuelven a clase, mientras que otros, más radicales, quieren que el movimiento continúe. Como el Gobierno no ha escuchado sus peticiones, varios miles de manifestantes deciden iniciar una huelga de hambre el 13 de mayo. Esta nueva estrategia amenaza con desacreditar al régimen y también le da un ultimátum. Además, refuerza todavía más el apoyo que los ciudadanos le brindan a los manifestantes, que exigen, por otra parte, que el Gobierno reconozca su movimiento como acción patriótica y constructiva, y no como instigador de alborotos.

El 18 de mayo, finalmente se organiza un encuentro entre varios líderes estudiantiles y el primer ministro Li Peng. Esta entrevista se retransmite a través de la televisión nacional, respondiendo a las exigencias de los estudiantes. Estos últimos acusan al Gobierno de no tener en cuenta sus reivindicaciones y de tardar demasiado en actuar cuando hay vidas humanas en juego. Wuer Kaixi (nacido en 1968), uno de los líderes estudiantiles, dirá: «Si un solo huelguista de hambre elige quedarse allí abajo [la plaza de Tiananmén] no podemos garantizar que miles de otros se vayan»[1] (Viallet 2011). Huelguista de hambre hospitalizado en varias ocasiones, no viste otra cosa que no sea un pijama, incluso ante el primer ministro. De este tormentoso encuentro no saldrán muchos resultados: los estudiantes ganan visibilidad, pero Li Peng está más convencido que nunca de la necesidad de

---

1. Cita traducida por 50Minutos.es

recurrir a la represión.

LA VISITA DE GORBACHOV

Al mismo tiempo, Gorbachov (hombre de Estado ruso, nacido en 1931) realiza una estancia en Pekín. Se trata de una visita histórica, ya que el presidente de la URSS quiere reconciliarse con el poder chino para acabar con la ruptura sino-soviética de los años sesenta. Su presencia en territorio chino enciende a los manifestantes, que ven en él el modelo de reformador demócrata, totalmente opuesto a sus propios dirigentes.

Mientras el movimiento de protesta se extiende por todos los rincones de China, miles de chinos de las provincias acuden a la capital para participar en el mismo. Los estudiantes siguen negándose a irse de la plaza, y el programa oficial de la visita se ve un poco afectado, algo que no hace más que aumentar la irritación de los dirigentes y, en particular, de Deng Xiaoping. Esta visita, que tendría que haber sido uno de los momentos más importantes de la historia de China, se transforma en una humillación para el régimen. De hecho, la vista del jefe de Estado soviético tiene como consecuencia el refuerzo de la cobertura de los acontecimientos —que ya era muy amplio— por parte de los medios de comunicación occidentales. Deseosos de darse a conocer en la escena internacional, los manifestantes redactan carteles y pancartas en francés y en inglés.

LA REPRESIÓN DEL MOVIMIENTO

La ley marcial del 19 de mayo

El aspecto no violento del movimiento y su lealtad con el país y el partido habían permitido evitar la confrontación y la represión durante varias semanas. Sin embargo, los dirigentes se muestran cada vez más exasperados. Para acabar con esta situación, Li Peng, siguiendo los consejos de Deng Xiaoping y de antiguas figuras del partido, decreta la ley marcial la noche del 19 al 20 de mayo. Considera, como Mao en su época, que la masacre es necesaria porque está en juego la autoridad del partido. El secretario general del partido Zhao Ziyang, que se niega a cargar con la responsabilidad de tal acción, dimite sobre el terreno. Acusado de apoyar a los manifestantes, lo alejan del PCC. En el amanecer del día 20 de mayo, se envían tropas para dispersar a los militantes y a los huelguistas que se encuentran en la plaza. Pero la población de Pekín ocupa las principales arterias de la capital y construye barricadas a las puertas de la ciudad para evitar que las tropas lleguen a la plaza de Tiananmén.

La noche del 3 al 4 de junio: la gran limpieza

Tras el anuncio de la ley marcial, las manifestaciones pierden intensidad en todo el país, y los estudiantes de las provincias se van progresivamente de Pekín. Pero el orden no se restablece. Las tropas se preparan para enfrentarse a los estudiantes, que continúan su lucha. El 2 de junio por la mañana, antiguas figuras del partido —entre ellos, Deng Xiaoping—, así como el Gobierno, se reúnen para decidir la mejor manera de poner fin a los problemas que sacuden al país desde hace varias semanas. Finalmente acuerdan la «limpieza» de la plaza, y se aprueba la intervención militar.

Cuando las tropas armadas procedentes de regiones lejanas penetran en Pekín al día siguiente, estallan los choques con la población, que no les da la bienvenida. La gota que colma el vaso es un accidente a varios kilómetros de Tiananmén, cuando un coche de policía atropella a tres ciclistas. Este accidente, intencional según los manifestantes, provoca una oleada de violencia: la multitud arremete contra camiones militares y ataca a los soldados, a veces con cócteles Molotov. Esta escalada de la violencia consolida la idea que tiene el Gobierno de que se trata de motines contrarrevolucionarios que hay que aplastar sangrientamente. Entonces se da un ultimátum: la plaza de Tiananmén debe ser evacuada antes de las 6 de la mañana del 4 de junio.

Grafiti que representa a jóvenes manifestantes heridos.

Por la noche, las barricadas de autobuses son aplastadas por tanques y los soldados reciben la autorización de disparar contra los civiles en las principales arterias de la ciudad, sobre todo contra los que entran en la plaza, y también contra las ambulancias que acuden a ayudar a los heridos. Los tanques del Ejército Popular de Liberación llegan por la fuerza a la plaza, destruyen las barricadas construidas por los manifestantes y por la población, y disparan indiscriminadamente. A las personas que todavía se encuentran en la plaza de Tiananmén se les ofrece una última propuesta de amnistía: algunos la aceptan, pero son miles los estudiantes que eligen quedarse. Los tanques y los soldados rodean entonces la plaza y se preparan para vaciarla a la fuerza, aplastando las tiendas de campaña de los manifestantes a su paso. A las 5:40 horas ya no queda nada.

EL HOMBRE DE TIANANMÉN

El 5 de junio, en la avenida Chan'gan (avenida de la Paz Eterna), a solo algunos metros de la plaza de Tiananmén, un hombre evita que una fila de tanques avance. El primer vehículo intenta rodearlo varias veces, pero el joven —rebautizado el hombre del tanque por la prensa— se coloca delante de él constantemente. El cara a cara dura un tiempo, antes de que el hombre se suba al tanque y le diga unas palabras a los soldados. Entonces se lo llevan a un lado otras personas que, según las fuentes, serían o ciudadanos preocupados por la seguridad del hombre, o policías de paisano que querían alejar al alborotador. La identidad del hombre del tanque y su destino nunca han salido a la luz y probablemente nunca lo harán.

Dibujo de Michael Mandiberg que representa al hombre del tanque.

La violenta represión acaba brutalmente con las manifestaciones en todo el país. Las personas sospechosas de haber participado en ellas son detenidas, juzgadas y, muchas veces, ejecutadas. El Gobierno chino contará 200 muertos y varios miles de heridos, precisando que la mayoría de los manifestantes eran criminales que arrastraron a los estudiantes para la confrontación. El número exacto de fallecidos por culpa de la represión varía según las fuentes, y puede llegar a varios miles de personas. Para muchos, el número exacto de víctimas nunca se sabrá realmente, teniendo en cuenta la amnesia organizada desde ese día por las autoridades de Pekín. Tras esta terrible noche, la persecución a los contestatarios y a sus simpatizantes está abierta y se anuncia implacable. Tras la difusión de varios avisos de búsqueda, dos tercios de los líderes estudiantes se ven obligados a exiliarse.

REPERCUSIONES

CONDENA INTERNACIONAL DE LOS ACONTECIMIENTOS

La opinión extranjera se muestra muy conmocionada. Miles de espectadores no se despegan de los canales de televisión que retransmiten todos los acontecimientos. Por primera vez, el mundo se enfrenta a una faceta del régimen chino que hasta entonces había sido cuidadosamente disimulada.

A partir del 5 de junio, el presidente estadounidense Georges Herbert Walker Bush (nacido en 1924) anuncia el cese de venta de armas y de exportaciones a China, la suspensión de las visitas y contactos oficiales, la prolongación de los visados de los estudiantes chinos presentes en territorio estadounidense y la concesión de ayuda médica y humanitaria a las víctimas. La Comunidad Económica Europea (CEE) también adopta medidas contra China, anulando las visitas oficiales y suspendiendo los préstamos en curso. También se adoptan otras sanciones económicas: el Banco Mundial congela los créditos destinados a financiar proyectos chinos en el sector de los transportes y de la energía. El impacto económico es considerable, y los ingresos del sector turístico y las inversiones extranjeras caen en picado.

¿SABÍAS QUE...?

Algunos países, como la República Democrática de Alemania, Corea del Norte, Cuba o incluso Rumanía, apoyan a China y se muestran oficialmente de acuerdo con la represión. Por el contrario, radios occidentales proponen a sus oyentes saturar las líneas telefónicas de las comisarías chinas con llamadas que logren obstaculizar las denuncias.

EL FIN DEL MOVIMIENTO POPULAR PARA LA DEMOCRACIA

Después de la masacre del 4 de junio, las asociaciones autónomas de estudiantes se disuelven. Sus líderes son perseguidos, detenidos y, a menudo, llevados a prisión, y sus miembros se ven obligados a presentarse espontáneamente en comisaría para hacer autocrítica. El PCC vuelve a controlar las universidades, y prohíbe oficialmente que los estudiantes militen a favor de una democratización política. Además, todos los nuevos estudiantes deben realizar una estancia en el ejército.

La represión también afecta a ciertos ciudadanos, que son golpeados y que, a veces, llegan a ser ejecutados sumariamente. Con el fin de salvaguardar su seguridad, una gran parte de los intelectuales chinos que participaron en las manifestaciones se exilian a Occidente, principalmente a Francia y a los Estados Unidos. El movimiento, que se inicia el 15 de abril con la muerte de Hu Yaobang, se ve forzado a pasar a la clandestinidad. A partir de ese momento, el movimiento de Tiananmén, privado de los intelectuales y de la mediatización que le había dotado de fuerza, acaba por desinflarse.

UN RÉGIMEN QUE PERDURA

Al reprimir violentamente estas manifestaciones, el Gobierno pierde una gran parte de su legitimidad, y se aplasta toda esperanza de una democratización cercana. A pesar de todo, el régimen comunista sigue en pie y se adapta al nuevo clima que reina en el país y a los cambios en la escena internacional. De hecho, la caída de los Estados comunistas del Este consolida la idea del PCC, que cree que debe llevar a cabo una política dura e intensificar el control que ejerce sobre la sociedad y la prensa para subsistir. La propaganda resulta ser eficaz, hasta el punto de que algunos estudiantes se preguntan sobre la legitimidad de sus acciones y sobre qué habría sido del futuro de China si hubieran logrado hacerse con la victoria.

En 1992, Deng Xiaoping reactiva su política económica, dejada a un lado con las incertidumbres políticas y el aislamiento internacional de 1989, con el objetivo de situar a China al nivel de las grandes potencias, pero conservando los preceptos del comunismo.

LA CENSURA DEL GOBIERNO CHINO

A partir del mes de junio, el Partido Comunista chino se apropia de los eventos para controlar la memoria colectiva. Las autoridades quieren, de hecho, crear una historia oficial para las generaciones futuras, es decir, las que nacen después de 1989, para que se olviden los testimonios de las víctimas. En esta historia revisada, los soldados no hacen más que defenderse frente a un pequeño número de alborotadores que los atacaron. Además, según la versión del Gobierno, no habría que lamentar ninguna víctima en la plaza de Tiananmén.

Lo que sucede en 1989 es un auténtico tabú en China, y el tema nunca sale en los medios de comunicación debido a la censura ejercida por el partido, por lo que la generación más joven nunca ha oído hablar —o muy poco— de estos hechos. La censura se aplica especialmente en Internet, donde toda mención al 4 de junio está perseguida en las redes sociales y en los blogs.

¿SABÍAS QUE...?

Los motores de búsqueda que quieren que sea posible acceder a ellos desde China tienen que adaptar su contenido de antemano. Así, una búsqueda sobre los acontecimientos de Tiananmén o sobre la fecha del 4 de junio de 1989 no dará ningún resultado, y las páginas web que los mencionen serán cerradas. Para evitar este problema, los internautas utilizan códigos y hablan entre ellos del 35 de mayo de 1989.

Toda conmemoración del 4 de junio está prohibida en China. Además, no existe ningún monumento y ninguna estatua que rinda homenaje a las víctimas. Sin embargo, cada año, son varias las personas que participaron en el movimiento y que intentan volver a la plaza de Tiananmén para rendir homenaje a los muertos, pero siempre lo evitan policías de paisano. También se han formado varios grupos de apoyo, destacando el de las Madres de Tiananmén, que desean que se realice una verdadera investigación, que el Gobierno reconozca su responsabilidad sobre las masacres y que publique una lista de los fallecidos. Pero, en la actualidad, siguen haciendo oídos sordos a sus reivindicaciones.

EN RESUMEN

- Desde finales de los años setenta, varios movimientos estudiantiles e intelectuales inician protestas contra el estancamiento de las reformas políticas, que sin embargo creían que iban de la mano de la liberalización económica realizada por el hombre fuerte del PCC, Deng Xiaoping.
- En 1989, el hartazgo es generalizado. Aprovechando el fallecimiento de un antiguo miembro del partido, Hu Yaobang, conocido por haber apoyado las manifestaciones estudiantiles en el pasado, los estudiantes salen a la calle para expresar su descontento. Esta vez, no solo los siguen intelectuales, sino también una parte de la población. Poco a poco, los movimientos contestatarios cobran cada vez más importancia, y los estudiantes toman la plaza de Tiananmén, emblema de la China comunista. Los eslóganes que entonan piden más democratización del PCC y denuncian la creciente corrupción de sus dirigentes.
- El Gobierno chino tarda en reaccionar debido a las divisiones internas del PCC. Algunos, entre ellos Zhao Ziyang, quieren escuchar las reivindicaciones y que el partido se reforme. Otros, como Li Peng y Deng Xiaoping, consideran que los manifestantes son contrarrevolucionarios que aprovechan la muerte de Hu Yaobang para intentar derrocar al PCC.
- Tras decretar la ley marcial y enviar una primera vez al ejército sin éxito, Deng Xiaoping, con el amparo del primer ministro, ordena la gran limpieza de la plaza Tiananmén de la noche del 3 al 4 de junio. Los soldados

y los tanques se abren paso a la fuerza y se llevan por delante las barricadas improvisadas construidas por la población para lograr su objetivo. El número de víctimas de esa noche nunca se ha determinado con precisión. La represión y las numerosas detenciones llevan a algunos estudiantes e intelectuales al exilio.

- Desde 1989, los acontecimientos de la plaza de Tiananmén se convierten en un tema tabú en China. Las autoridades aplican una severa censura, sobre todo en Internet, e imponen una versión oficial de la historia, reescrita para la ocasión. Por ello, las nuevas generaciones saben muy poco de estos hechos, y se reprime cualquier reivindicación que busque su reconocimiento.

¡Tu opinión nos interesa!
¡Deja un comentario en la página web de tu librería en línea,
y comparte tus favoritos en las redes sociales!

PARA IR MÁS ALLÁ

FUENTES BIBLIOGRÁFICAS

- Angeloff, Tania. 2010. *Histoire de la société chinoise. 1949-2009*. París: La Découverte.
- Béja, Jean-Philippe. 2004. *À la recherche d'une ombre chinoise. Le mouvement pour la démocratie en Chine (1919-2004)*. París: Seuil.
- Benson, Linda. 2012. *La Chine depuis 1949*. Bruselas: Éditions de l'Université de Bruxelles.
- Bergère, Marie-Claire. 2000. *La Chine de 1949 à nos jours*. París: Armand Colin.
- Bergère, Marie-Claire. 1990. "Tian'anmen 1989". *Vingtième Siècle*, n.º 27, 3-14.
- Chieng, André y Jean-Paul Betbèze. 2010. *Les 100 mots de la Chine*. París: Presses universitaires de France.
- Duchâtel, Mathieu y Joris Zylberman. 2011. *Les nouveaux communistes chinois*. París: Armand Colin.
- Gernet, Jacques. 2011. *Le monde chinois. L'époque contemporaine*, tomo 3. París: Pocket.
- Puel, Caroline. 2011. *Les trente ans qui ont changé la Chine (1980-2010)*. París: Buchet Chastel.
- Roux, Alain. 2006. *La Chine au XXe siècle*. París: Armand Colin.
- Roux, Alain. 2010. *La Chine contemporaine*. París: Armand Colin.
- San Juan, Thierry. 2006. *Le dictionnaire de la Chine contemporaine*. París: Armand Colin.

FUENTES COMPLEMENTARIAS

- Anchee, Min, Duo Duo y Stefan R. Landsberg. 2008. *Chinese Propaganda Posters. From the Collection of Michael Wolf.* Colonia: Taschen.
- Béja, Jean-Philippe. 1999. "Tian'anmen, dix ans après. Une rupture dans l'histoire de l'opposition en Chine". *Perspectives chinoises*, n.º 53, 4-12.
- Brook, Timothy. 1998. *Quelling the People. The Military Suppression of the Beijing Democracy Movement.* Stanford: Stanford University Press.
- Gombeaud, Adrien. 2009. *L'homme de la place Tian'anmen. Histoire d'une image.* París: Seuil.
- Peyrefitte, Alain. 1990. *La tragédie chinoise.* París: Fayard.
- Wilmots, André. 2001. *Gestion politique et centres du pouvoir en république populaire de Chine.* París: L'Harmattan.
- Zhang, Liang. 2004. *Les archives de Tian'anmen.* París: Le Félin.

FUENTES ICONOGRÁFICAS

- Retrato de Mao de 1963. La imagen reproducida está libre de derechos.
- Retrato de Deng Xiaoping de 1976. La imagen reproducida está libre de derechos.
- Retrato de Zhao Ziyang de 1985. La imagen reproducida está libre de derechos.
- Retrato de Li Peng.
- Reproducción de la Diosa de la Democracia de la plaza de Tiananmén. La imagen reproducida está libre de

derechos.

- Grafiti que representa a jóvenes manifestantes heridos.
  La imagen reproducida está libre de derechos.
- Dibujo de Michael Mandiberg que representa al hombre
  del tanque. La imagen reproducida está libre de
  derechos.

DOCUMENTALES

- *Les Manifestations de la place Tian'anmen. Mystères
  d'archives*. Dirigido por Serge Viallet. Francia, 2011.
- *Tian'anmen, vingt-cinq ans après*. Dirigido por Thomas
  Weidenbach y Shi Wing. Alemania, 2009.

¡APRENDER NUNCA ANTES FUE TAN RÁPIDO!

www.en50minutos.es

© en50Minutos.es, 2016. Todos los derechos reservados.

www.en50Minutos.es

ISBN ebook: 9782806278579

ISBN papel: 9782806282453

Depósito legal: D/2016/12603/255

Libro realizado por <u>Primento</u>, *el socio digital de los editores*